2e LIVRAISON 1928
AVRIL — MAI — JUIN

BULLETIN

DE LA

SOCIÉTÉ DES LETTRES, SCIENCES & ARTS

DE LA CORRÉZE

TABLES GÉNÉRALES

par noms d'auteurs et de matières des articles publiés

dans les Bulletins des Cinquante Premières Années

(1878-1927)

DRESSÉES PAR

Régis ROHMER

Archiviste départemental de la Corrèze

TULLE

IMPRIMERIE JUGLARD, ADMINISTRATIVE ET COMMERCIALE

1928

SOCIÉTÉ DES LETTRES, SCIENCES ET ARTS
DE LA CORRÈZE

I

TABLE PAR NOMS D'AUTEURS

ANGELBY (Henri)

Note sur les souterrains de St-Salvadour. — 1927, p. 107.

ARBELLOT (Abbé)

Pierre de Limoges. — 1880, p. 149.

Le Père Solier, de Brive. — 1887, p. 373.

Martial de Brive. — 1889, pp. 5, 370, 520 ; 1890, p. 415 ; 1393, p. 27.

Epitaphes de Boson et de Gaubert dans l'église d'Uzerche. — 1894, p. 291.

Le siège d'Ussel (1371). — 1898, p. 191.

Jean Birel. — 1899, p. 447.

AUDIAU (Jean)

Les troubadours et l'Angleterre. — 1920, p. 303.

AUDUBERT (Emile)

Le drame du Glandier : l'affaire Lafarge. — 1923, p. 63.

Les grandes routes de la Corrèze. — 1927, p. 20.

Barbier de Montault (Mgr)

L'*Agnus* de Grégoire XI au Musée de Poitiers. — 1887, p. 95.

La Corrèze à l'Exposition archéologique de Limoges. — 1887, p. 389.

Les Médailles des Papes limousins. — 1887, p. 554.

Les fresques de la Maison de Loyac. — 1888, p. 288.

Le petit office de l'Immaculée Conception. — 1888, p. 612.

Epitaphe de Mgr de St-Marsault, à Rome. — 1889, p. 369.

Le Diocèse de Tulle en 1671. — 1890, p. 297.

Inventaires bas-limousins du XVIIIe siècle. — 1892, p. 521.

Le Salut de Jean XXII à la Sainte Face. — 1893, p. 309.

Chronique de l'église d'Objat en 1712. — 1893, p. 407.

Les Bras-Reliquaires exposés à Tulle en 1887. — 1893, p. 607.

Le Trésor de la Cathédrale de Tulle. — 1894, p. 237.

La Fabrique d'Orliac-de-Bar au siècle dernier. — 1894, p. 331.

Pyxides émaillées de l'Exposition rétrospective de Tulle en 1887. — 1894, p. 55.

Vases eucharistiques. — 1895, p. 32.

Le Suffrage de Saint Joseph au XVIe siècle. — 1895, p. 198.

Inventaires corréziens. — 1895, p. 348.

L'Oraison de Sainte Syre. — 1895, p. 432.

La Châsse émaillée de l'église de Saint-Pierre. — 1896, p. 77.

Visite de l'église d'Auriac en 1751. — 1896, p. 346.

Les Pyxides de Gimel. — 1896, p. 269.

Navette émaillée de Soudeilles. — 1897, p. 389.

Le Fer à hosties de l'église de Soudeilles. — 1898, p. 202.

V. Bibliographie.

Bastide (Capitaine L.)

Lois militaires sous la Révolution ; leur application dans la Corrèze. — 1903, pp. 13, 153, 277.

Une figure corrèzienne de la période révolutionnaire : Treich-Desfarges (général de brigade). — 1904, p. 237 ; 1905, p. 29 (2 simili-gr.)

Batifolier (G)

L'entomologie expliquée aux enfants. — 1920, pp. 97, 186, 301, 404 ; 1923, p. 274.

Bertin (Georges)

Le général Materre 1772-1843). — 1904, p. 355 ; 1905, pp. 101, 149, 317, 469 ; 1906. p. 23.

Bessou (l'Abbé J.-B.)

Les substructions gallo-romaines de Chastre, commune de Bar. — 1901, p. 577.

Bombal (Eusèbe)

Etat de ce que contient la terre de la Roche. — 1879. p. 513.

Notes sur Saint-Martial et Malesse, deux cardinaux xaintrinois. — 1881, p. 121.

Notes et documents pour servir à l'histoire de la maison de St-Chamans. - 1885, pp. 186, 514 ; 1889, pp. 327, 502 ; 1890, pp. 88, 360.

Notes sur quelques anciennes familles d'Argentat. — 1890, p. 466.

Nommée et hommage à Guillaume Roger, comte de Beaufort, par Albert et Albertin de Tinières, en 1352. — 1892, p. 351.

Four de la Miéje-Sole. — 1895, p. 193.

Découverte d'anciens outils en fer. — 1895, p. 196.

Examen de la légende du maréchal Ney dans la Corrèze. — 1896, p. 497.

Recherches sur la villa gallo-romaine de Longour. — 1897, p. 58.

Mémoires du marquis Antoine-Marie-Hippolyte de St-

Chamans (1730-1793). — 1897, p. 437 ; 1898, pp. 101, 179, 373, 509.

La haute Dordogne et ses gabariers (une grav.) — 1900, pp. 305, 449 ; 1901, pp. 77, 245, 389, 513 ; 1902, pp. 53, 159, 245, 463 ; 1903, pp. 105, 203.

Souterrains-refuges du canton d'Argentat et de la Saintrie (avec grav. et plan). — 1904, p. 73.

Clé trouvée à la villa gallo-romaine de Longour. 1904, p. 429.

Rapport sur les fouilles opérées au Puy-du-Tour (commune de Monceaux). — 1906, p. 405.

Notice sur Pierre Relier, curé d'Argentat (1763-1846). — 1908, pp. 31, 331, 421.

Second rapport sur les fouilles opérées au Puy-du-Tour. — 1908, p. 67.

Addition au second rapport sur les fouilles du Puy-du-Tour. — 1909, p. 223.

Anciens chemins et voies romaines d'Argentat et de ses environs. — 1909, p. 239.

Découverte d'un puits funéraire. — 1910, p. 519.

Compte rendu des nouvelles fouilles opérées au Puy-du-Tour, commune de Monceaux, en 1911. — 1911, p. 401.

La châtellenie de Merle. — 1912, pp. 149, 221, 389 ; 1913, pp. 89, 193.

Borie (l'Abbé)

Le siège de Tulle en 1585. — 1922, p. 249.

Petite notice sur la vie de St-Calmine. - 1925, p. 151.

Vie du pape Clément VI (traduction de Baluze). — 1926, p. 219.

Bort (Henri de)

Un épisode de l'histoire de Madic et de Bort. — 1880, p. 235.

Bosredon (Ph. de)

Catalogus abbatum et episcoporum Tutellensium a Stephano Baluzio Tutellensi delineatus. — 1886, p. 238.

BOSVIEUX (Auguste)

Notice bibliographique sur Pierre de Besse. — 1885, p. 409.

BOURDERY (Louis)

Les émaux peints à l'exposition rétrospective de Tulle en 1887. — 1887, p. 438.

Aveu du fief de Loradour. — 1895, p. 235.

BOURNEIX (Thomas)

L'œuvre des Cébile. — 1902, p. 81.

Trois prieurés limousins. — 1902, pp. 261, 387 ; 1903, pp. 177, 261, 433 ; 1904, p. 279 ; 1905, pp. 201, 481 ; 1906, pp. 107, 251 ; 1907, pp. 25, 197.

V. Fage (René)

BRAQUILANGES (G. de)

Bibliographie : Pratique des irrigations en France et en Algérie, par M. Félix Vidalin. — 1879, p. 292.

BREILLOUT (Le Capitaine)

Un conflit entre le présidial et la Vissénéchaussée de Brive au 17e siècle. — 1921, p. 114.

Adresse aux citoyens commissaires remplissant les fonctions de Préfet dans la Corrèze (1848). — 1921, p. 276.

Procès-verbal constatant la conduite de M. Bourgas (Bourzat) représentant du peuple pendant son séjour à Beaulieu. — 1922, p. 67.

Maréchaussée du Bas-Limousin et gendarmerie de la Corrèze. — 1923, pp. 35, 161, 193, 281.

Trois chansons de François Bonnélye. — 1923, p. 85.

Lettres d'un soldat corrézien. — 1924, p. 5.

Assassinat du sieur Masset, capitaine au Royal Navarre Cavalerie à Tulle (10 mai 1791). — 1924, pp. 45, 65.

Un soldat de la 3e République (Commandant Angelby). Portrait. — 1924, pp. 174, 250.

Allocution prononcée à l'occasion de la nomination de

M. V. Forot au grade de chevalier de la Légion d'Honneur. — 1924, p. 200.

Les expériences de la Courtine. — 1924, p. 194 ; 1925, p. 143.

Rapport présenté à l'assemblée générale du 18 septembre 1924. — 1924, p. 277.

Un voyage de Paris à Tulle en 1816. — 1925, p. 179.

Excursion à Ussel. — 1925, p. 207.

Discours prononcé par un nouvel admis à la Loge Maçonnique de Tulle (vers 1825). — 1925, p. 210.

M. René Fage, membre correspondant de l'académie des Inscriptions et Belles-Lettres. — 1925, p. 215.

Conférence-Concert du 2 décembre 1925. — 1925, p. 216.

Liste des Combattants du Bas-Limousin dans la guerre américaine (1778-1783). — 1925, p. 221.

Les gendarmes de la Corrèze en Vendée. — 1926, pp. 44, 69.

Passages et vie des gens de guerre en Bas-Limousin au 18e siècle. — 1926, p. 141.

La fermeture de l'Ecole de Médecine de Paris (1822). — 1927, p. 31.

Discours prononcé par M. le Lieutenant général de Tulle à la convocation de la Noblesse, dans le temps du siège de Mons (1691). — 1927, p. 42.

V. Nécrologie — Bibliographie.

BROUSSE (l'abbé J.)

Rituel et règlement de la Loge de l'Heureuse-Alliance de la ville d'Uzerche. — 1914-1919, pp. 37, 153, 307.

BRUNIE (J.-B.)

Monnaies anciennes recueillies à Tulle. — 1921, p. 193.

CANTONNY (L'abbé Et.)

Notes sur St-Dézery. — 1925, p. 17.

A St-Merd-les-Oussines de 1789 à 1795. — 1925, p. 151.

St-Germain-Lavolps pendant la période révolutionnaire. — 1925, p. 169.

Le Comité de surveillance de Beaulieu. - 1926, p. 203 ; 1927, p. 3.

La Révolution en Corrèze. En Xaintrie. Journal d'opérations de deux commissaires. - 1927, p. 309.

Champeval (J.-B.)

Cartulaire d'Uzerche. — 1887, pp. 398, 531 ; 1888, pp. 99, 338, 515, 650 ; 1889, pp. 122, 401, 549 ; 1890, pp. 107, 258, 380, 522 ; 1891, pp. 111, 242 ; 1892, pp. 165, 341, 498, 636 ; 1893, pp. 154, 313, 461, 643 ; 1894, pp. 121, 356, 516 ; 1895, pp. 105, 355 ; 1896, pp. 113, 292, 418, 575 ; 1897, pp. 125, 263, 519.

Tulle et sa banlieue autrefois au point de vue défensif. — 1890, pp. 346, 509.

Encore les exilés à Tulle. — 1891, p. 149.

Livre de raison des de Meynard. — 1892, p. 474.

Rôle du ban de la maréchaussée de Brive. — 1894, p. 384.

Testament de Mgr d'Autichamp, évêque de Tulle. — 1895, p. 118.

Un vieil usage orthographique à rétablir : les sous-majuscules. — 1898, p. 387.

Lettres inédites de J. de Maistre, Baluze et l'abbé de Mably. — 1903, p. 445.

Tulle et ses intérêts municipaux au XVIIe siècle. — 1908, p. 397 ; 1909, pp. 85, 193, 351 ; 1910, pp. 299, 327 ; 1911, pp. 109, 319.

L'assistance publique à Treignac en 1640. - 1912, p. 482.

V. Bibliographie.

Chassain (F.)

Lettres d'un Tulliste à Versailles à la fin du XVIIe siècle. — 1925, pp. 26, 129.

Les registres paroissiaux de St-Chamant aux XVIIe et XVIIIe siècles. — 1927 pp. 66, 229.

CHOLLET (Jean)

Note complémentaire pour la bibliographie d'Eustorg de Beaulieu. — 1880, p. 300.

CLAVEL (Victor) et A. R.

Alexis Ventéjol. — 1898, p. 163.

CLÉMENT-SIMON (Gustave)

Pierre Jarrige. — 1879, p. 32.
Bertrand de Latour. — 1879, p. 329.
J.-L Gouttes. — 1879, p. 491.
E.-A. Berthelmy. — 1879, p. 559.
Proverbes recueillis au Bas-Limousin. — 1880, pp. 276, 462.
Charlotte de Maumont : 1888, p. 579.
Histoire du collège de Tulle. — 1889, pp. 193, 460 ; 1890, pp. 186, 432 ; 1891, pp. 173, 297, 507 ; 1892, pp. 118, 303 (voir : René Fage).
La prise de Tulle en 1426. — 1895, p. 155.
Origine de la manufacture d'armes de Tulle. — 1894, p. 35 (voir Leroux).
La rupture du traité de Brétigny et ses conséquences en Limousin. — 1898, pp. 5, 207.
Philippe Tamisey de Larroque : 1898, p. 238.
Un épistolier tullois de l'école de Voiture et de Balzac : l'abbé de Lagarde (la société tulloise au temps de Mascaron). — 1899, p. 481.
Recherches de l'histoire civile et municipale de Tulle avant l'érection du Consulat (documents inédits). — 1896, pp. 5, 212 ; 1897, p. 289 ; 1899, pp. 133, 259 ; 1900, p. 247 ; 1901, p. 465 ; 1902, p. 207 ; 1903, p. 41 ; 1904, p. 375 (et non 355) ; 1906, pp. 167, 323 ; 1907, p. 477 ; 1908, p. 107 ; 1909, p. 497 (pièces justificatives avec notes et commentaires).
Note sur Archambaud de Saint-Amand, VIIe évêque de Tulle. — 1900, p. 161.
Le régiment de Tulle offert par la ville au roi Louis XIV en 1689. — 1901, p. 207.

Biographie tulloise : les de Loyac. — 1903, p. 359.

Henri Baude à Tulle : les commencements de l'élection du Bas-Limousin. — 1907, p. 327.

V. Nécrologie

Clément-Simon (Frédéric)

Jean de Selve, premier président et ambassadeur sous Louis XII et François Ier (un portrait). — 1901, p. 353.

Conchard (Colonel Vermeil de)

La famille de Cabanis. — 1921, p. 57.

Siège et prise de Brive en 1374 par l'armée du duc de Bourbon. — 1923, p. 328.

Correspondance Brune. — 1924, pp. 29, 78, 147.

La vérité sur l'évasion de Bazaine. — 1924, p. 272.

Mariage d'un consul de Brive en 1761. 1925, p. 202.

Notice biographique sur le général Dalton ou comte d'Alton. — 1926, p. 116.

V. Bibliographie.

Confortini (Le capitaine D.)

La force départementale de la Corrèze et le 4e bataillon de Volontaires nationaux en 1793. — 1909, p. 291.

Corbier (baron de)

Ségur et son passé historique (avec plan). 1920, pp. 103, 238, 387 ; 1921, pp. 163, 245 ; 1922, p. 78.

Gabriel-Nicolas de La Reynie, lieutenant général de police sous Louis XIV, et sa famille. — 1927, p. 84.

Cosnac (Comte de)

Rôle politique de Louis de Rechignevoisin de Guron. — 1886, p. 5.

Le baron de Penacors et le cardinal de Retz. — 1894, p. 407.

Crauffon (Emm.)

Joseph Combet. — 1879, p. 290.

Journal du département de la Corrèze (13 novembre 1792). — 1879, p. 300.

V. Bibliographie.

CROZAT-LAJONCHÈRE

Acte de vente de la vicomté de Turenne. — 1881, p. 615.

DECOUX-LAGOUTTE

Règlement général pour le pain de froment et de seigle pour la ville et juridiction de Treignac. — 1882, p. 256.

Juridictions royales en Bas-Limousin (1462-1790). — 1882, p. 390 ; 1883, pp. 12, 295, 511.

De quelques droits seigneuriaux du baron de Treignac. — 1885, p. 626 ; 1886, pp. 125, 275.

Un coin du Limousin en 1888. — 1888, pp. 255, 482, 625 ; 1889, p. 103.

Hommes illustres de Treignac : Guillaume de Treignac, VIe prieur de Grandmont ; Léonard Champeils. — 1891, p. 271 ; Jean de Chemin, XVIe évêque de Condom. — 1893, pp. 48, 244 ; Antoine de Cous, XVIIe évêque de Condom. — 1893, pp. 391, 533 ; P. Rodier, chancelier de France, évêque de Carcassonne. — 1894, p. 27 ; Ch. Lachaud. — 1894, p. 149 ; les Jauviond. — 1895, p, 24 ; Emmanuel Decous de Monteil. — 1895, p. 383 ; le général Grandchamp. — 1896, p. 368.

DELOCHE (Maximin)

Registres des actes des notaires de Tulle aux XVe et XVIe siècles, projet de publication. — 1881, pp. 30, 208.

Deux monnaies antiques, l'une celtibérienne, l'autre néo-punique, trouvées en Bas-Limousin, — 1883, p. 13.

Trois monnaies inédites du moyen âge. - 1886, p. 83.

La confrérie de Saint-Jacques et la procession de la Lunade à Tulle. — 1892, p. 389.

Les archiprêtrés de l'ancien diocèse de Limoges. — 1898, p. 397 ; 1899, p. 237

Etude historique sur les voies d'accès de Tulle. — 1902, p. 141.

V, Nécrologie ; V. aussi Fage (Emile).

DERENBOURG (Hartwig)

Notice sur la vie et les travaux de M. Maximin Deloche. — 1902, p. 5.

DUCOURTIEUX (Paul)

Le Bas-Limousin à l'exposition de Limoges. — 1886, p. 393.

Les manuscrits et imprimés à l'exposition de Tulle. — 1887, p. 445.

Poteries gallo-romaines découvertes à Salon-la-Tour. — 1891, p. 107.

Les imprimeurs de Tulle à l'exposition du Livre limousin. — 1895, p. 396.

Baluze protecteur des libraires étalagistes de Paris. — 1901, p. 385.

Monnaies trouvées à St-Hilaire-Luc. — 1901, p. 537.

La collection de M. l'abbé Pau. — 1902, p. 363.

FAGE (Emile)

Statuts de la Société. — 1879, p. 1.

Une page sur la famille Fouquet. — 1879, p. 405.

Eustorg de Beaulieu. — 1880, p. 96.

Victor Hugo. — 1881, p. 77.

Pierre de Montmaur. — 1881, p. 371.

Note sur la famille de Chanac. — 1882, p. 433.

Pierre de Besse, prédicateur du roi Louis XIII. — 1885, p. 319.

Antoine de Baluze. — 1886, p. 381.

Titres et documents. — 1886, p. 488

Etienne Baluze et Madame de Maintenon. — 1887, p. 100.

Mme Ch. Lachaud. — 1887, p. 113.

Jean-Casimir et Etienne de Baluze. — 1887, p. 271.

Deux lettres de Baluze. — 1890, p. 75.

Une soirée chez Béranger. — 1891, p. 5.

Villes antiques. — 1893, p. 92.

Leconte de Lisle. — 1894, p. 268.

Michelet et Mgr Berteaud. — 1895, pp. 5, 139, 251.

Oscar Lacombe. — 1895, p. 381.

La plainte de Bernard de Ventadour, poésie. — 1896, p. 84.

Chien-Caillou. — 1897, p. 157.

Etienne Baluze. — 1898, pp. 135, 263, 445.

Au pied des Monédières (St-Augustin, Chaumeil, le village de Chastagnol). — 1900, p. 67.

Notices nécrologiques sur Maximin Deloche et Alph. Rebière. — 1900, pp. 103, 116.

Victor Hugo. — 1902, p. 43.

Maximin Deloche. — 1902, p. 129.

Edmond Perrier. — 1903, p. 327.

A propos d'une épitre au lecteur (préface de M G. Clément-Simon à ses recherches de l'histoire civile...) — 1903, p. 383.

V. Inauguration ; *v. Morély (le Dr Paul)* ; *v. nécrologie* ; *v. bibliographie.*

FAGE (René)

Note pour servir à l'histoire de l'imprimerie à Tulle. — 1879, p. 67.

La fondation du château de Larche — 1879, p. 278.

Les tabacs de la vicomté de Turenne. — 1880, p. 25.

Bibliographie sur Eustorg de Beaulieu. — 1880, p. 140.

Observations sur une monnaie mérovingienne. — 1880, p. 249.

Les épitaphes du cloître de Saint-Martin de Brive. — 1881, p. 67.

Jean-Joseph Dumons, peintre d'histoire. — 1881, p. 105.

Quelques mots sur la cour d'appeaux de Turenne. — 1881, p. 209.

Dissertation d'Etienne Baluze sur saint Clair, saint Laud, saint Ulfard et saint Baumade. — 1881, p. 326.

Les Œuvres de Baluze cataloguées et décrites. — 1881, p. 496 (voir 1886, p. 235).

Le point de Tulle. — 1882, p. 117.

Notes et documents sur les sculpteurs Jean, Jacques et Jean-Géral Mouret — 1882, p. 320.

Lettres inédites de Baluze à Melon du Verdier, avec introduction. 1882, p. 513 ; 1883, pp. 160, 388, 568.

Le château de Puy-de-Val. — 1883, p. 441.

Complément des œuvres de Baluze cataloguées et décrites avec table de la bibliographie Baluzienne. — 1884, p. 545.

Lettres de Mascaron publiées par Ph. Tamisey de Larroque (analyse). — 1884, p. 618.

Notes sur un Pontifical de Clément VI et sur un missel dit de Clément VI, conservé à la bibliothèque de Clermont. — 1885, p. 18.

Notice bibliographique (supplément) sur Pierre de Besse. — 1885, p. 450.

Le vieux Tulle : 1885, p. 168, les Origines ; p. 489, les Fortifications ; 1886, p. 90, le Château ou fort St-Pierre ; p. 212, la tour Prisonnière dite Tour de Maysse ; p. 253, la tour de la Motte ; p. 407, la Porte-Chanac ; la place publique ; 1887, p. 5, le Collège ; p. 251, la grande maison de Loyac : voir 1888, p. 288 ; p. 491, la Cathédrale et le cloître ; 1888, p. 59, les couvents d'hommes ; p. 207, les couvents de femmes.

Addition au travail : les Œuvres de Baluze. — 1886, p. 235.

Projet de publication de monographies cantonales. — 1889, p. 35.

La Prise de Tulle et son occupation par l'armée du vicomte de Turenne (1585-1586). — 1890, pp. 5, 228, 311, 477 ; 1891, p. 60.

L'Anecdote de La Roche-Karlan. — 1897, p. 193.

François-Emile de Lansac, peintre. — 1890, p. 179.

Une lettre inédite de Mascaron. — 1890, p. 428.

Le jour civil et les modes de computation des délais légaux en Gaule et en France. — 1891, p. 553.

Dictionnaire des Médecins du Limousin. — 1891, pp. 336. 485 ; 1892, pp. 96, 482, 628 ; 1893, pp. 134, 298, 441, 615 ; 1894, pp. 229, 347 ; 1895, pp. 79, 226, 299.

Les Etats de la vicomté de Turenne. — 1892, pp. 143, 268, 426, 580 ; 1893, pp. 5, 211, 343, 501 ; 1894, p. 5.

Un chapitre inédit de l'histoire du Collège de Tulle (1792-1798). — 1896, pp. 174, 350.

Le général Souham. — 1896, pp. 307, 439 ; 1897, p. 5.

Un choix d'exemplaires des Œuvres d'Etienne Baluze. — 1898, p. 132.

La Vie à Tulle au XVIIe et au XVIIIe siècles. — 1898, pp. 347, 485 ; 1899, pp. 81, 185, 321, 395 ; 1900, pp. 5, 131, 403 ; 1901, pp. 41, 165, 309.

Lettres du général Vialle. — 1900, p. 347.

Les statues de la Vierge et de sainte Madeleine au Chatenet, commune du Lonzac (3 gr.). --- 1901, p. 507.

Trois Limousines à la Visitation de Moulins. --- 1902, p. 77. (A propos du livre de l'abbé Bourneix, portant le même titre et dont un extrait suit intitulé : l'œuvre des Cébile. (Voy. Bourneix).

Notes et documents sur la Confrérie des Pénitents bleus de Tulle. — 1902, p. 325 ; 1903, pp. 133, 217, 335 ; 1904, pp. 5, 141, 217. (Les articles de 1904 concernent la confrérie des pénitents blancs).

Les fêtes, cérémonies et manifestations publiques à Tulle pendant la période révolutionnaire. -- 1904, p. 415 (et non 395) ; 1905, pp. 5, 175, 343, 449 ; 1906, pp. 5, 143, 383.

De la signification du mot « Couppe » dans les procès-verbaux de visite des portes de Tulle au XVIIe siècle. --- 1906, p. 435.

Exactions des gens de guerre dans le Bas-Limousin au XVIIe siècle. --- 1907, pp. 59, 113.

Note complémentaire sur les serrures en forme de coupe. --- 1907, p. 507.

Le collège d'Ussel. --- 1908, pp. 85, 309, 357 ; 1909, p. 69.

L'Eglise de Hautefage (Corrèze). --- 1910, p. 151.

Louis XI et les fortifications de Tulle. --- 1910, p. 495. et ss.

Turqueries limousines. — 1911, p. 393.

La maison natale d'Etienne Baluze. — 1912, pp. 5, 217.

Etienne Baluze et « le Tartuffe ». — 1912, p. 297.

La jeunesse de Baluze. --- 913, p. 321.

Chronique tulloise de Pierre-Anne de Maruc (1639-1702). – 1914-1919, p. 121.

Les gants et la croix-reliquaire du pape Clément VI. --- 1914-1919, p. 115.

Lettre à M. le Président de la Société des Lettres, Sciences et Arts de la Corrèze au sujet d'un dessin de Tulle attribué à Corot. --- 1914-1919, p. 413.

Dévotions populaires en Limousin. Fontaines à chiffons et saints à rubans. --- 1920, p. 79.

La plantation du clou en Limousin. --- 1921, p. 210.

Eglises de Gimel et de Braguse. --- 1923, p. 97.

La vicairie de la Pauvreté. --- 1924, p. 165.

Cahiers de doléances de quatre paroisses du Bas-Limousin. --- 1925, p. 91.

Les vieux moulins de la banlieue de Tulle. — 1925, p. 154.

L'édit de 1666 sur les familles nombreuses. -- 1926, p. 105.

Le salon de Victor Borie (1866-1870). — 1926, p. 235.

V. Séance publique annuelle de l'Académie française.
V. Bibliographie.
V. Inauguration , V. Morély (le Dr Paul) ; V. Pousset.

Farges (Mgr Albert)

Histoire des familles Albert ou Alberti. — 1920, pp. 191, 348 ; 1921, pp. 5, 141.

Fasquelle

Notes sur la géologie agricole de la Corrèze. — 1889, p. 263.

Faucon (Maurice)

Le tombeau du pape Clément VI dans l'église de la Chaise-Dieu. — 1885, p. 117.

Faugère (A.)

Château de la Chapoulie, commune de Cornil. — 1909, p. 219.

Le Protestantisme en Bas-Limousin en 1713. — 191,0 p. 525.

Forot (Victor)

Une seigneurie du Bas-Limousin (av. grav.) — 1904, pp. 123, 263 ; 1905, pp. 69, 375. (Il s'agit de Chaunac).

Fragment de l'histoire municipale de Tulle (1794-1800). — 1906, pp. 65, 469 ; 1907, pp. 149, 383.

Mines et minières de la Corrèze. — 1908, pp. 179, 241, 441 ; 1909, pp. 5, 201.

Le club des Jacobins de Tulle (1790-1795). — 1909, p. 371 ; 1910, pp. 51, 205, 375 ; 1911, pp. 5, 271, 423.

Catalogue raisonné des richesses monumentales et artistiques du département de la Corrèze (dessins). — 1912, pp. 93, 317 ; 1913, p. 5.

La maison natale d'Etienne Baluze (dessin) — 1912, p. 213.

Les émigrés corréziens pendant la période révolutionnaire et la nomenclature de leurs biens séquestrés. — 1913, pp. 247, 355 ; 1914-1919, pp. 81, 191, 253, 413.

Promenade archéologique à travers les vieux quartiers de Tulle. — 1914-1919, p. 425.

Edmond Perrier (1844-1921). — 1921, p. 199.

Monographie Tulloise. — Le quartier de la Barussie. — 1920, pp. 166, 251 ; 1921, pp. 92, 178, 225 ; 1922, pp. 125, 274 ; 1923, pp. 5, 107, 207 ; 1924, pp. 12, 71, 137, 235 ; 1925, p. 109.

Minéralogie corrézienne. — 1925, p. 195.

Proverbes limousins et français. — 1925, p. 212 ; 1926, p. 28.

Liste des monuments et objets mobiliers classés par la Commission des monuments historiques du Ministère de l'Instruction Publique et des Beaux-Arts. — 1927, p. 49.

Monographie de la commune de Sainte-Fortunade. — 1927, pp. 110, 245, 263.

V. Breilloul (le Capitaine). - Nécrologie. - Bibliographie.

Gouyon (François)

Notes de M. le curé J.-B. Hervy. — 1919, p. 509.

GUIBERT (Louis)

Les armes de la ville de Tulle. — 1881, pp. 24, 165, (voir 1885, p. 236).

Le tombeau du cardinal Guillaume de Chanac à Saint Martial de Limoges. — 1882, p. 448.

Quelques notes extraites du cartulaire d'Aureil. — 1883, p. 205.

Le bénédictin dom Col en Limousin. — 1884, pp. 289, 381.

Les formules de date et de l'époque du commencement de l'année en Limousin. 1886, p. 157.

Le Livre de raison des Baluze. — 1887, pp. 163, 357, 556.

La Société archéologique de Limoges et l'Exposition de Tulle. — 1887, p 414.

Notice sur le Cartulaire de l'abbaye cistercienne d'Obazine. — 1889, p 435 ; 1890, pp. 57, 137.

Les premiers Imprimeurs de Limoges. — 1893, p. 553.

Reliquaires limousins. — 1894, p. 471.

Note historique relative aux événements de l'année 1651 en Limousin. — 1900, p. 167.

Les vieux émaux de Limoges à l'Exposition de 1900 (grav.). — 1900, p. 387 ; 1901, p. 5.

V. Bibliographie.

HUGUES

Les Archives de la Corrèze en 1885. — 1886, p. 360 ; en 1886. — 1887, p. 602 ; en 1887. — 1888, p. 661.

Cahiers de doléances des paroisses du Bas-Limousin. — 1888, pp. 115, 363, 532, 675.

Coutumes et franchises de Beaulieu. — 1891, pp. 258, 439.

V. Bibliographie.

HUOT (Paul)

Consultation d'un avocat limousin au xve siècle. — 1880, p. 167.

La ville d'Egletons. — 1880, p. 412,

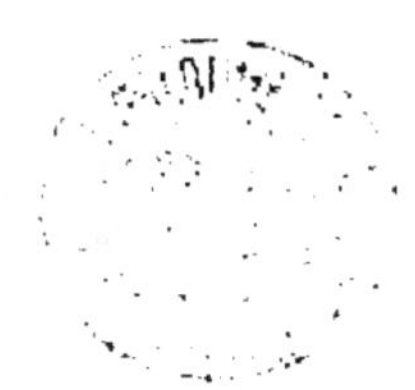

JOFFRE (l'Abbé)

Saint-Xanctin. --- 1908, p. 73.
La patronymie limousine. --- 1925, p. 133.

JUGE (L. Th.)

Pierre-Joseph Bedoch. --- 1884, p. 610.
Nicolas Béronie. --- 1884, p. 615.

LACOMBE (Oscar)

Une Coutume religieuse et communale à Tulle. --- 1879, p. 344.

Les Archives de la Corrèze. --- 1879, p. 18.

Titres et documents. --- 1879, pp. 48, 84, 119, 157, 212, 266, 293, 344, 395, 426, 512. 568.

Lettre d'Armand de Gérard-Latour à Etienne Baluze. -- 1880, p. 187.

Isidore de Séville et le patois limousin. --- 1880, p. 259.

Notice sur la famille de Saint-Exupéry. --- 1880, p. 264.

Les Lieux habités. --- 1880, p. 408.

Des noms de saints portés par diverses localités de la Corrèze. — 1881, p. 74.

Analyse de l'Histoire de Tulle, de Baluze. --- 1881, p. 172.

Chants et Chansons populaires de la Corrèze. --- 1896, p. 536.

La botanique du patois bas-limousin. --- 1908, p. 429.

LANGUEPIN

La Manufacture d'armes de Tulle. --- 1887, p. 579 ; 1888, pp. 5, 295.

V. *Leroux, Rondeau.*

LA ROCHE-SENGENSSE (Octave)

Monographie d'une commune rurale (St-Ybard, Corrèze) (avec carte). --- 1900, p. 471 ; 1901, p. 115, 265, 413, 541 ; 1902, p. 87, 175, 307, 437 ; 1903, p. 95, 193, 307, 459 ; 1904, p. 105, 197 ; 1905, p. 489 ; 1906, p. 113, 267, 421 ; 1907, p. 267.

Lecler (l'abbé) (A.)

Latreille, de Brive. — 1880, p. 391.

Etude sur les lanternes des morts. — 1882, pp. 5, 135, 277 ; 1885, pp. 32, 134.

Une lettre inédite de Dom Col. 1887, p. 245.

Une lettre inédite de l'évêque constitutionnel Brival. — 1887, p. 247.

L'Archiprêtré de Saint-Exupéry. — 1889. pp. 286, 529.

Quelques erreurs sur le lieu de naissance des papes Clément VI et Grégoire XI. — 1891, p. 89.

Nobiliaire de la généralité de Limoges. — 1892, pp. 448, 601 ; 1893, pp. 118, 273, 419, 597 ; 1894, pp. 65, 219, 316, 505 ; 1895, pp. 39, 205, 323, 407 ; 1896, pp. 91, 276, 395, 521 ; 1897, pp. 106, 241, 395, 497 ; 1898, p. 194 ; 1899, pp. 107, 241, 373, 515. — 1900, pp. 81, 183, 351.

Jean-Aimé Massainguiral. — 1900, p. 173.

L'abbé Xavier Montbrial. — 1902, p. 151.

Jean-Baptiste-Joseph de Lubersac, évêque de Chartres, et Ch. de Lubersac, prieur de Saint-Martin de Brive. — 1902, p. 347.

Lieu de naissance de l'académicien de Beaupoil de Saint-Aulaire. — 1911, p. 261.

Lefèvre-Pontalis (E.)

Les de Selve, diplomates limousins du XVIe siècle. — 1897, p. 376.

Lejeune (L'abbé)

L'erreur historique Puy d'Issolu. — Uxellodunum (avec plans et gravures). — 1920, p. 29.

Leroux (Alf.)

Chartes des Archives départementales et hospitalières de Limoges. — 1883, p. 638 ; 1884, pp. 237, 350, 499, 622 ; 1885, pp. 81, 248, 467.

La contre-réformation dans les diocèses de Limoges et de Tulle au XVIIe siècle. — 1885, p. 210.

Chartes, chroniques et mémoriaux. -- 1885, pp. 81, 248, 407 ; 1886, p. 366.

Notes inédites d'Etienne Baluze sur l'histoire du Limousin. — 1888, p. 459.

Origines des monastères de la Marche et du Limousin, par le Frère A. Chalemet, vers 1662. — 1893, p. 291.

La Manufacture d'armes de Tulle : règlement de 1778. -- 1897, p. 203.

Chartes du Limousin antérieures au XIIIe siècle (titres et documents). — 1900, p. 203 ; 1902, p. 322.

Testament de l'abbé Jean-Noël Coste. — 1903, p. 351.

Un programme de restauration du Catholicisme en 1795, d'après le « Manuel des Missionnaires », de l'abbé J. Noël Coste. — 1907, p. 511.

Des Limousins à Bordeaux ; esquisse historique. — 1911, p. 199.

Documents limousins des archives de Bordeaux. — 1911, p. 329.

Adresse de la Société des Amis de la Constitution à Lubersac. — 1912, p. 45.

Pièces diverses de la période révolutionnaire, tirées des archives de Bordeaux. — 1912, p. 203.

Documents divers transcrits et communiqués par le même. --- 1913, pp. 219, 379.

Leymarie (J.-B.)

La Moulinado... par le P. Lacombe (réédition). --- 1892, pp. 467, 617 ; 1893, p. 141.

L'Hermitte (Julien)

Six lettres inédites de Baluze. --- 1895, p. 455.

Acte d'accord entre Etienne Lavergne, prieur de Briffons, et Robert, comte de Clermont (juin 1255). --- 1898, p. 383.

Pension constituée par Jean Casimir à Etienne Baluze. --- 1894, p. 527.

Lettres patentes accordant la naturalité à Jean-Casimir de Baluze. --- 1896, p. 300.

M. Camille Périer, préfet de la Corrèze (1810-1815). — 1894, p. 302.

LINAS (Ch. de)

La tombe en cuivre émaillé du cardinal de Tulle. — 1886, p. 150.

LONGY (Dr)

Notice biographique sur Pierre de Besse. — 1885, p. 375

Port-Dieu et son prieuré. — 1889, pp. 41, 155.

Le canton d'Eygurande. — 1891, p. 433 ; 1892, pp. 5, 193, 399, 527 ; 1893, pp. 68, 173, 372.

Généalogie de la famille de Bort. — 1894, p. 487 ; 1895, p. 49.

MABARET (Abbé de)

Mémoire sur du Plessis-d'Argentré, évêque de Tulle. — 1895, p. 291.

MARCHAND

Notice forestière sur le département de la Corrèze. — 1890, pp. 40, 157.

MARCHE (Abbé B.-A.)

La ville de Beaulieu en 1569. — 1879, p. 107.

La Religion Réformée à Argentat (1664-1665). — 1879, p. 348.

Chronologie des seigneurs de Turenne. — 1880, p. 69.

Notes historiques sur le monastère de Saint-Projet de Neuvic. — 1880, p. 266.

La vicomté de Turenne (analyse bibliographique). — 1880, p. 474.

Notes historiques sur les Doctrinaires et les Ursulines de Brive. — 1881, p. 150.

MARQUE (B.)

Userco-dunum. — 1914-1919, p. 388.

Tulle gallo-romain. — 1920, p. 271.

Les origines ethniques et linguistiques de notre pays. — 1922, pp. 5, 201 ; 1924, p. 94.

Identification des noms de lieux cités dans César. — 1924, p. 205.

Notes de toponymie corrézienne. - 1926, p. 3.

Notes pour servir à l'histoire de Luctérius. — 1927, p. 57.

V. Inauguration. Bibliographie

MARQUISET-DELIGNY

Notice sur l'asile de la Celette. — 1879, p. 265.

MASFRANC

L'âge de fer dans la Corrèze. — 1893, p. 307.

MATHERAT

Note sur le fief de la Cour en « Limosin ». — 1926, p. 170.

MATHIEU (Georges)

Courte chronique écrite à Ayen (Corrèze), 1560-1585. — 1909, p. 135.

Note sur l'hôpital général de Tulle sous l'ancien régime. – 1910, p. 5.

Comment se sont enrichies les archives de la Corrèze depuis 1888. – 1911, p. 411.

MAZEYRIE (le Dr B.)

Rapport sur la restauration des cloitres de Tulle. – 1921, p. 282 ; 1922, p. 199.

MAZEYRIE (B.)

Sonnets Tullois. — 1924, p. 26.

MAZEYRIE (le Dr J.)

La lèpre en Bas-Limousin. — 1925, p. 33.

MELON DE PRADOU (Ch.)

L'arbre de Chamboulive. — 1879, p. 313.

Notice statistique sur l'église St Pierre de Tulle. — 1879, p. 525.

Notice sur L. T. Juge. — 1880, p. 36.

Lettre d'Armand de Gérard-Latour à Etienne Baluze (1691). — 1880, p. 192.

Tulle en 1786. — 1880, p. 314.

Monographie de la commune des Angles. - 1880, p. 428.

Monographie de la commune de Bar. 1881, p. 407.

Relevé des noms et qualités des personnages cités dans l'Inventaire des Archives de la Sénéchaussée d'Uzerche. — 1882, p. 86.

Notice historique sur l'Hospice de Tulle. — 1882, p. 464; 1883, pp. 61, 232, 322.

Monographie de la commune de Favars. — 1884, p. 436.

V. nécrologie; *v. Rondeau.*

Miginiac (Louis)

Cahiers de doléances inédites de deux paroisses bas-limousines en 1789 (St-Paul et St-Pardoux-la-Croisille). — 1897, p. 528. (V. Hugues).

Morély (le Dr Paul)

L'exercice de la médecine à Tulle à la fin du XVIIe siècle. — 1904, p. 167.

La juridiction consulaire de la ville de Tulle (1710-1789). — 1905, pp. 233, 417.

A propos d'une histoire de duel survenue sous Henri IV au château de Valon en Quercy (1597). — 1906, p. 93.

Allocution lors de la remise de la médaille d'or de la Société à M. le chanoine Poulbrière, à Beaulieu. — 1911, p. 257.

Discours prononcé à Uzerche le 25 septembre 1919. — 1919, p. 385.

Discours prononcé à la séance de la Société du 14 août 1919. — 1919, p. 417.

V. Nécrologie.

Mougenc de St-Avid (C,)

Causerie historique : Espagnac. – 1891, p. 15.

Muntz (Eugène)

Le Pape Clément VI et les fresques de la chapelle St-Martin au palais d'Avignon. — 1888, p. 320.

Muzac (Amédée)

La fabrication de la poudre à canon dans la vicomté de Turenne. — 1910, p. 29.

Aventure d'un émigré limousin à Pont-Ste-Maxence en Picardie (1791). — 1911, p. 249.

Le 13e Dragons à Varennes et ses officiers limousins. 1913, p. 347.

V. Bombal : Compte rendu des nouvelles fouilles opérées au Puy-du-Tour.

Niel (L'abbé L.-L.)

Pierre Duchâtel, évêque de Tulle. — 1880, p. 5.

J. Mascaron, évêque de Tulle. — 1880, p. 213.

Arnauld de Saint-Astier, évêque de Tulle. — 1881, p. 5.

Arnauld de Clermont, évêque de Tulle. — 1881, p. 133.

Hugues, Roger et Guy de Favars, évêques de Tulle. — 1881, p. 219.

Bertrand de Lastours et Pierre, évêques de Tulle. – 1882, p. 165.

Archambault, viie évêque. – 1883, p. 5.

Laurent d'Albiars, viiie évêque. — 1883, p. 501.

Jean Fabri, ixe évêque et cardinal. — 1883, p. 628.

Bertrand de Cosnac, xe évêque. – 1884, p. 207.

Pierre de Cosnac et Bertrand Botinaud. — 1884, p. 325.

Les Jeux de l'Eglantine à Tulle (1556). — 1884, p. 595.

Hugues de Combarel, xiiie évêque. – 1888, p. 46.

Martin de Saint-Salvadour, xive évêque. — 1888, p. 251.

Bertrand de Maumont, xve évêque. — 1888, p. 635.

Jean de Cluis, xvie évêque. — 1889, p. 21.

Hugues d'Aubusson, XVIIe évêque. — 1889, p. 250.

Le testament de Guillaume II de Cosnac. — 1890, p. 306.

NOUAILLAC (J)

Lettres inédites de Le Brun Desmarettes à Baluze (1713-1718. — 1905, p. 289.

Les croquants du Limousin : une insurrection paysanne en 1594. — 1907, pp. 41, 219.

Le Conseil d'Etat et le Limousin sous Henri IV. — 1912, p. 65.

Biographie générale du Limousin. — 1913, p. 289 ; 1919, p. 497.

Curés et maires, évêque et préfet en Corrèze, de 1859 à 1862. — 1928, p. 129.

Le fabuliste Léger Rabès (portrait). — 1922, p. 33.

Le peintre Eugène Delacroix et le Limousin. — 1926, p. 180.

V. Inauguration.

NUSSAC (Louis de)

Délibérations capitulaires de Vigeois (1741-1744). — 1890, p. 534.

Notes pour servir à la monographie de Saint-Victour. — 1891, pp. 164, 285 ; 1892, p. 62.

La seigneurie de Peuchardy et la châtellenie de Bassignac-le-Bas. — 1892, p. 489.

Jalinat. — 1893, p. 82.

Le pont Milet-Mureau à Tulle. — 1903, p. 237 et ss.

Une grande terre seigneuriale au XVIIe siècle : Pompadour et Hautefort (1684-1695). — 1904, pp. 305, 433 ; 1905, pp. 133, 259.

Le capitaine de hussards Jean Cassière, d'Uzerche. — 1920, p. 72.

Les médecins limousins à Paris en 1845 (avec portraits). — 1921, p. 75 ; 1922, pp. 46, 119, 284.

V. Inauguration.

OMONT (Henri)

Notice de Baluze sur la Bibliothèque de Colbert. — 1892, p. 94.

PASTRIE (Léon)

Jacques Coste. — 1879, p. 202.

PEBEYRE (L. de)

L'Oppidum de Murcens. — 1890, p. 357.

Un duel sous Henri IV au château de Valon en Quercy. — 1892, p. 176.

PERRIER (Edmond)

Alphonse Rebière (notice nécrologique). – 1901, p. 377.

PETIT (A.)

Les origines du collège de Tulle (xve et xvie siècles). — 1905, p. 113.

PLANTADIS (Johannès)

Les émigrants limousins en France. — 1898, p. 250.

Notes et documents sur la Révolution en limousin. — 1899, p. 249.

Historique des bataillons de mobiles de la Corrèze pendant la guerre de 1870-71. — 1900, pp. 35, 433 ; 1901, pp. 97, 231.

Antoine-Guillaume Delmas, premier général d'avant-garde de la République (1768-1813). — 1902, pp. 289, 415 ; 1903, pp. 89, 297, 389 ; 1904, p. 37.

L'Agitation autonomiste de Guienne et le mouvement fédéraliste des Girondins en Limousin (1787-1793). – 1908, p. 5 ; 1909, pp. 103, 467 ; 1910, pp. 177, 349, 543.

Les traditions musicales du Limousin des origines à la fin du xviiie siècle. — 1911, p. 133.

La vie d'un gentilhomme limousin à St Domingue à la fin du xviiie siècle. — 1912, p. 29.

Les conventionnels Brival et Lanot députés de la Corrèze. — 1912, pp. 269, 437 ; 1913, pp. 141, 165, 393 ; 1914-1919, pp. 5, 231, 339, 441.

Biographie générale du Limousin. — 1914-1919, pp. 477, 502.

Une enclave limousine du Quercy. Uxellodunum. — 1912, p. 293.

Tutela et le clos des arènes. — 1913, p. 155.

Défense et illustration de la langue limousine. — 1920, pp. 15, 143 ; 1921, p. 124.

POULBRIÈRE (L'abbé J.-B.)

Simple note sur l'abbaye de Montcalm. — 1879, p. 185 ; 1887, p. 607.

Les églises de Saint-Angel et de Meymac. — 1880, p. p. 337.

Note sur la famille de Malefayde. — 1882, p. 74.

Escalade du bourg de Brivezac au xve siècle. — 1884, p. 263.

Incendie de Saint-Hilaire-la-Combe, près Curemonte, pendant la Ligue du bien public. — 1884, p. 354.

Violences exercées au xvie siècle dans la vicomté de Turenne. — 1884, p. 369.

Titres et Documents. — 1885, p. 690. (Livre-journal de M. Pestels de la Majorie sur la Révolution).

Les Retables de Beaulieu. — 1886, p. 108.

Les tombes en métal du Limousin. — 1886, p. 154.

Exemplaire d'une feuille de souscription publique à Tulle, en 1620, pour l'établissement d'un Collège de Jésuites. — 1887, p. 244.

Prise de possession d'un prieuré de Coyroux en 1783. — 1886, p. 246.

Une émeute de femmes à Mercœur en 1787. — 1886, p. 368.

Note sur la famille et sur l'évêque du nom de Labrue de Saint-Bauzile. — 1886, p. 444.

Une nomination de maire et de consuls à Tulle en 1720. — 1886, p. 506.

Journal de voyage d'un bénédictin au dernier siècle. — 1887, p. 212.

Lettres d'abolition octroyées par Henri IV à un Hugon qui avait tué en duel un Masvalier (1597). — 1887, p. 345.

Note anonyme du dernier siècle sur la dernière maison de St-Viance. — 1888, p. 351.

Lettre touchant à la grande peste de Tulle au XVIIe siècle. — 1888, p. 360.

Les boiseries du sanctuaire et du chœur de Beaulieu. — 1888, p. 527.

Etat de l'église et du diocèse de Tulle en 1671, par un chanoine de ce temps. — 1888, p. 668.

Tulle ecclésiastique et religieux d'après le pouillé manuscrit de Nadaud. — 1889, p. 139.

Requeste représentée à la Cour par M. du Mirat, curé de Saint-Pierre (de Tulle), pour obtenir la cessation des Pénitents bleus : 1889, p. 142.

Etat du diocèse de Tulle (en 1775). — 1889, p. 415.

Testament d'Almosie de Malguise, dame de Cosnac. — 1889, p. 562.

Arrêt du grand Conseil unissant définitivement à la mense capitulaire l'ancienne aumônerie de Tulle (1667). — 1889, p. 571.

Mémoire anonyme sur l'ancienne châtellenie de Monceaux. — 1890, p. 120.

Acte concernant la chapelle du Chastanet (1676). — 1890, p. 167.

Note sur les Exils à Tulle. — 1890, p. 175.

Les Evêques auxiliaires en Limousin. — 1890, p. 281.

Vente d'une partie de la dîme de Saint-Hilaire-les-Courbes (1329). — 1890, p. 388.

Vente d'une rente sur un mas de la paroisse de Soudaine (1278). — 1890, p. 393.

Connaissance raisonnée du bénéfice de Saint-Bonnet-la-Rivière (1770). — 1890, p. 395.

Cession de l'hôtel de Sens à Paris par l'archevêque limousin de Sens, Aymar Robert (1380). — 1890, p. 537.

Décret de prise de corps contre le seigneur de Saint-Bonnet-la-Rivière (1610). — 1890, p. 541.

Défense des pénitents bleus de Tulle (1738). — 1891, p. 121.

Pièces relatives à certaines chapellenies : 1891, p. 133.

Mémoire sur la baronnie de La Roche-Canillac (XVIIIe siècle). — 1891, p. 409.

Hommage de Jean de Malbernard, pour les mas de Farges et du Puy-Gauthier (1391-1398). — 1891, p. 543.

Quittance pour la dot de Bernard de Monturuc (1337). 1892, p. 173.

Concession de fourches patibulaires à Ebles d'Allassac (1346). — 1892, p. 375.

Lettres de rémission à Guillaume de Lastours (1394). — 1892, p. 377.

Différend entre le prieur de Collonges et celui de Meyssac (1489). — 1892, p. 516.

Lettres de gentilhomme de la chambre du duc d'Orléans pour Jean de Roffignac (1565) : 1892, p. 519.

Saisie royale au château de La Roche-Canillac (XIVe siècle). — 1893, p. 164.

Deux logements de troupes en Bas-Limousin (XVIIe siècle). — 1893, p. 166.

Inventaire des titres du château de Pompadour en 1765. — 1893, pp. 327, 477, 661 ; 1894, pp. 135, 393, 529 ; 1895, pp. 128, 238, 375, 481 ; 1896, pp. 429, 596 ; 1897, pp. 140, 278, 407 ; 1898, p. 529 ; 1899, pp. 122, 255, 385 ; 1900, p. 361 ; 1901, pp. 453, 585 ; 1903, pp. 121, 209, 315 ; 1904, pp. 207, 449 (et non 429) ; 1905, p. 499 ; 1907, pp. 73, 305 ; 1908, pp. 53, 291 ; 1909, pp. 53, 177, 331 ; 1910, p. 529.

Pièce relative à un château disparu de Curemonte. — 1895, p. 233.

Logement de troupes en Bas-Limousin au XVIIe siècle. — 1895, p. 370.

POUSSET et René FAGE

Un ancien sermonaire, par le P. Laselve, de Tulle. — 1885, p. 674.

RABÈS (F.)

Les blés noirs (poésie). — 1926, p. 198.

RABÈS (Léger)

Fables. — 1891, pp. 98, 394 ; 1894, p. 314 ; 1895, p. 88 ; 1897, p. 104 ; 1905, p. 273 ; 1906, p. 125 ; 1908, p. 277.

REBIÈRE (J.-P.)

Melon l'économiste. — 1896, pp. 43, 131.

Nos Normaliens d'autrefois. — 1897, p. 200.

Jean-François Melon, diplomate et colonisateur. — 1897, p. 413.

Les généraux Vachot. — 1899, p. 5.

Madame Power, une naturaliste oubliée. — 1899, p. 303.

REYNEAU

Deux lettres inédites d'Etienne Baluze. — 1888, p. 113.

Ordonnance de Mascaron portant nomination de Jean Dalvy comme libraire et imprimeur de l'évêché de Tulle. — 1890, p. 544.

Procès-verbal d'un conflit de préséance dressé par les officiers du sénéchal de Tulle (1610). — 1891, p. 138.

RICHARD (F.)

Les premières promotions dans l'ordre de la Légion d'honneur en Corrèze. Cérémonial et discours. — 1919, p. 65.

Les souterrains-refuges. — 1923, pp. 128, 228.

V. Inauguration.

RIVIÈRE (Le Chanoine L. -J.)

Testament de Jean de Labroux, marchand de Rosiers (transcrit par M. l'archiviste A. Petit). — 1909, p. 321.

ROHMER (Régis)

A propos du bicentenaire de Marmontel. — 1923, p. 324.

Comment se sont enrichies les archives de la Corrèze depuis 1911. — 1925, p. 138.

Les amortissements d'Alphonse de Poitiers en Limousin. — 1926, p. 258.

Rondeau (Jean) et Melon (Ch.)

Deux pièces pour l'histoire de la Manufacture d'armes de Tulle. — 1884, p. 663.

Roujon

Analyse des *Colonies animales* de M. Edm. Perrier. — 1881, p. 314.

Rousset (Maurice)

Georges Mathieu, archiviste départemental de la Corrèze. — 1920, p. 90.

Un transport de justice à Egletons en 1664. 1922, p. 65.

Roux (L'abbé Joseph)

Gondoval. — 1879, p. 152.

Goulfier de Lastours. — 1879, p. 284.

Cesaren. — 1880, p. 44.

Amanieu. — 1880, p. 272.

Mathilde de Turenne. — 1897, p. 184.

Bestias e genz, fablas lemouzinas. — 1921 (supplément).

V. Bibliographie.

Saint-Exupéry (F. de)

Saint-Exupéry et Madeleine de St-Nectaire. — 1890, p. 300.

Sainte-Fortunade (Comte de Lavaur de)

De la Fondation de la communauté des religieuses de Sainte-Ursule à Tulle. — 1879, p. 139.

Sansas

La réforme judiciaire en 1789 d'après les Cahiers du Bas-Limousine. — 1892, pp. 73, 185.

USSEL (Le baron d')

Charte de 1254 de Robert d'Ussel. — 1891, p. 251.

Privilèges reconnus par Ebles d'Ussel à Ussel. — 1891, p. 254.

Hommage par Georges d'Ussel à Ch. de Ventadour (1446). — 1892, p. 360.

Hommage par Georges d'Ussel au prieur de Mauriac (1476). — 1892, p. 509.

Fondation d'une messe par Jeanne d'Ornhac (1502). — 1892, p. 646.

Echange de deux domaines entre deux marchands d'Ussel (1573). — 1894, p. 273.

Les armes d'Ussel. - 1906, p. 35.

VACHAL (J.)

Observations étymologiques sur des noms de lieux. — 1910, p. 321.

VACHER (Léon)

Le général Delmas. — 1884, p. 215.

VALON (Le Comte de)

La famille de Valon. — 1923-1924 (supplément).

Le Comte de Penthièvre et la terre de Thégra en Quercy (1440-1443). — 1927 (supplément).

VAYSSIÈRE (Léon)

Lettre de Charles VII permettant aux habitants de Bort de lever une « aide » sur le vin, le sel, le bétail et les denrées vendues dans la ville (26 mai 1437). — 1927, p. 420.

L'ordre de Malte en Limousin au XVIIe siècle. — 1882, p. 491 ; 1884, p. 21.

Les Archives de la Corrèze en 1882 et 1883 : 1883, p. 603 ; en 1883-1884 : 1884, p. 492 ; 1885, p. 668.

VERNIÈRE

Les Officiers des Elections du Limousin et de la Marche. — 1886, p. 305.

VILLENEUVE (Ferdinand)

Notes historiques sur Rocamadour. — 1879, p. 235.

Rodrigue de Villandrando, par Jules Quicherat (analyse). — 1879, p. 388.

VINTÉJOUX (F.)

Le vice-amiral baron Grivel. — 1889, p. 348.

Etudes sur le boisement de nos montagnes. — 1894, p. 178.

TABLE ANALYTIQUE PAR ORDRE DES MATIÈRES

» La vicomté de Turenne et ses principales villes, par B.-A. Marche. — 1880, p. 474.

» Les colonies animales et la formation des organismes, par Edmond Perrier. 1881, p. 314.

» Incendie des forêts des Monédières (xvie siècle), par J.-G. Laborde. — 1881, p. 611.

» Proverbes bas-limousins, par l'abbé J. Roux. — 1883, p. 314.

» Un Félibre limousin, Joseph Roux, par Paul Mariéton. — 1883, p. 320.

» Lettres et billets inédits de Jules Mascaron, évêque de Tulle et d'Agen, publiés par Phil. Tamizey de Larroque. — 1884, p. 618.

» Chartes, Chroniques et Mémoriaux pour servir à l'histoire de la Marche et du Limousin, publiés par Alf. Leroux. — 1886, p. 366.

» Histoire de la Réforme dans la Marche et le Limousin, par Alf. Leroux. -- 1888, p. 569.

» Le vieux Tulle, les couvents de femmes, par René Fage. — 1888, p. 665.

» Histoire d'Issoire, par Albert Longy. — 1890, p. 548.

» Raymond de Turenne et les papes d'Avignon, par Noël Valois. — 1891, p. 145.

» Chroniques ecclésiastiques du Limousin, par l'abbé A. Lecler. — 1891, p. 146.

» Publications sur Etienne Baluze, par Alph. Leroux. — 1891, p. 146.

» Etudes de numismatique mérovingienne, par Maximin Deloche. — 1891, p. 553.

» Le jour civil et les modes de computation des délais légaux en Gaule et en France. — 1891, p. 554.

» Le canton d'Eygurande (Corrèze), par le docteur F. Longy. — 1893, p. 448

» Société des Archives historiques du Limousin. Documents divers sur le Limousin, publiés par René Fage, l'abbé Granet, etc. — 1893, p. 451.

» Œuvres complètes de Mgr Barbier de Montault ; t. VII. — 1893, p. 451.

» Collections et collectionneurs limousins, la collection Taillefer, par Louis Guibert. — 1893, p. 454.

» Mathématiques et Mathématiciens, pensées et curiosités recueillies par A. Rebière. — 1893, p. 455.

» Impressions de voyage dans Paris ancien et moderne, par le baron Lafond de St-Mur. — 1893, p. 624.

» Etude biographique et littéraire : L'abbé Talin, chanoine titulaire de la cathédrale de Tulle, ancien curé de St-Priest-de-Gimel et de Corrèze, par l'abbé Gorse. — 1893, p. 631.

» Jeanne d'Arc et frère Seguin, par l'abbé Arbellot. — 1893. p. 633.

» Etude biographique sur Guillaume Lamy, patriarche de Jérusalem, par le même. — 1893, p. 635.

» Etude historique sur l'ancienne vie de St-Martial et les origines chrétiennes de la Gaule, par le même. — 1893, p. 637.

» Remarques et pensées, par Eugène Marbeau. — 1894, p. 95.

» Tante Minou, par P. Verlhac et H. Monjauze. — 1894, p. 99.

» Joseph-Anne Vialle, poète et lexicographe limousin, par G. Clément-Simon. — 1894, p. 106.

» Les Bénédictins de St-Maur, originaires du

Limousin, par l'abbé Arbellot. — 1894, p. 109.

» Laron, topographie, archéologie, histoire, par Louis Guibert. 1894, p. 110.

» *Cantate*, paroles de l'abbé Tabaste, musique de Raymond Toinet. – 1894, p. 114.

» Les musiciens d'aujourd'hui, par Adolphe Jullien. — 1894, p. 118.

» Les femmes dans la science, par A. Rebière. — 1894, p. 245.

» Le salon de Madame Helvétius, Cabanis et les idéologues, par Antoine Guillois. — 1894, p. 255.

» Limousin (Léonard), par Bourdery et Lachenaud. — 1898, p. 123.

» Album-notice de Tulle et de ses environs, par J.-B. Juglard. — 1900, p. 129.

» Histoire de Tulle, par l'abbé Bertry, curé de Saint Viance (17 gr. h. t.) — 1900, pp. 384 et 385.

» L'abbaye de St-Martial de Limoges, par Charles de Lasteyrie (R. Fage). — 1901, p. 157.

» La liberté et le devoir, par M. l'abbé Albert Farges ; la vie à Tulle aux XVIIe et XVIIIe siècles, par M. René Fage ; cartulaire de l'abbaye d'Uzerche, par M. J.-B. Champeval (signé R.) : 1902, p. 115. — Le tombeau de Louis Ménard, par Edouard Champion ; Le charme de l'histoire, études diverses, par Eugène Marbeau ; histoire des guerres du Bas-Limousin, par L. B. ; Un livre sur l'abbaye de Saint-Martial de Limoges, par Louis Guibert (Emile Fage) : 1902, p. 185.

» Autour de la plume du Cardinal de Richelieu, par M. Maximin Deloche, (J.-B), 1921, p. 284.

» Cartulaire de l'abbaye de Vigeois en Limousin (954-1167), publié par M. de Montégut, 1921, p. 285.

» Géographie économique du département de la Corrèze, par Victor Forot, 1921, p. 286.

» Petites églises et églises rurales du Limousin, par René Fage, 1922, p. 286.

» Une ancienne capitale de province ; Cahors en-Quercy, par M Eugène Grangié, 1922, p. 287.

» Catalogue des manuscrits de la collection Baluze, par Lucien Auvray et René Poupardin, 1913, p. 90

» Les poésies des quatre troubadours d'Ussel, par J. Audiau. — 1923, p. 92.

» Les Richelieu : le Père du Cardinal, par Maximin Deloche, 1923, p. 93.

» La Révolution de 1848 en Corrèze par J. Breillout, 1923, p. 94.

» Les Souterrains-refuges de France, par A. Blanchet, 1923, p. 95.

» Essai historique et généalogique sur la famille de Valon, par le comte de Valon, 1923, p. 192.

» Etudes historiques sur le maréchal Brune, par le colonel Vermeil de Conchard, 1923, p. 192.

» Guide archéologique du Congrès de Limoges (1921), 1924, p. 133.

» L'électrification des campagnes corréziennes par le docteur Lafarge. — 1924, p. 203.

» J. Joseph Dumons, peintre du Roi, à Aubusson et à Beauvais. — 1924, p. 204.

» L'abbé Joseph Roux, par l'abbé M. Gorse. — 1925, p. 84.

» L'énigme de Civaux, par M. Maximin Deloche. — 1925, p. 87.

» Catalogue des confrères pénitents blancs,

par Mgr Barbier de Montault. — 1887, p. 389.

» (Galerie des portraits Corréziens). — 1887, p. 476.

» (Notes sur la géologie agricole de la), par Fasquelle. — 1889, p. 263.

» (Notice forestière sur la), par Marchand. — 1890 pp. 40, 157.

» (L'âge de fer dans la), par A. Masfranc. — 1893, p. 307.

» (M. Camille Périer, préfet de la), 1810-1815, par J. L'Hermitte. — 1894, p. 302.

» (Inventaires corrèziens), par Mgr Barbier de Montault. — 1895, p. 348.

» (Le Maréchal Ney dans la), par E. Bombal. — 1896, p. 497.

» (Chants et chansons populaires dans la), par Oscar Lacombe. — 1896, p. 596.

» (Historique des bataillons de Mobiles de la) pendant la guerre de 1870-71, par J. Plantadis. — 1900, pp. 35, 433 ; 1901, pp. 97, 231.

» (Mines et minières de la), par V. Forot. — 1908, pp. 179, 241, 441 ; 1909, pp. 5, 201.

» (La force départementale de la) et le 4e bataillon de Volontaires nationaux, en 1793, par le capitaine Confortini. — 1909, p. 291.

» (Comment se sont enrichies les archives de la), depuis 1885, par G. Mathieu. — 1911, p. 411.

» (Catalogue des richesses monumentales de la), dessins, par V. Forot. — 1912, pp. 93, 317 ; 1913, p. 5.

» Les émigrés corréziens pendant la période révolutionnaire et la nomenclature de leurs biens séquestrés, par le même. — 1913, pp. 247, 355 ; 1919, pp. 81, 191, 253, 413.

» (Les premières promotions dans l'ordre de la Légion d'honneur en). Cérémonial et discours, par F. Richard, 1919, p. 65.

» (Curés et maires, évêque et préfet en), de 1859 à 1862, par J. Nouaillac. — 1920, p. 129.

» (Adresse aux citoyens commissaires remplissant les fonctions de Préfet dans la), 1848, par le capitaine Breillout. — 1921, p. 276.

» (Maréchaussée du Bas-Limousin et gendarmerie de la), par le même. — 1923, pp. 35, 161, 193, 281.

» Lettres d'un soldat Corrézien, par le même. — 1925, p. 5.

» (Comment se sont enrichies les Archives de la) depuis 1911, par R. Rohmer. — 1925, p. 138.

» (Minéralogie corrézienne), par V. Forot. — 1925, p. 195 ; 1926, p. 28.

» (Désignation et emplacement des monuments historiques et sites classés dans le département de la), par V. Forot. — 1925, p. 226.

» (Notes de toponymie corrézienne), par B. Marque. — 1926, p. 3.

» (Les gendarmes de la) en Vendée, par le capitaine J. Breillout. — 1926, pp. 44, 69.

» (Liste des monuments et objets mobiliers classés par la Commission des Monuments historiques dans la), par V. Forot. — 1926, p. 186 ; 1927, p. 49.

» (Les grandes routes de la), par E. Audubert. — 1927, p. 20.

» (Les Corréziens et le bagne), 1800-1815. — 1927, p. 50.

V. Bibliographie. — Saintrie.

» (Ville de) : V. Limousin.

talières par A. Leroux. — 1883, p. 638 ; 1884, pp. 237, 350, 499, 622 ; 1885, pp. 81, 248, 467.

(La Société archéologique de) à l'exposition de Tulle, par Louis Guibert. — 1887, p. 409.

» (Les premiers Imprimeurs de), par Louis Guibert : 1893, p. 553.

» (Les Archiprêtrés de l'ancien diocèse de), par M. Deloche : 1898, p. 397 ; 1899, p. 237.

» (Nobiliaire de la Généralité de), par A. Lecler : 1892, pp. 448, 601 ; 1893, pp. 118, 273, 419, 597; 1894, pp. 65, 219, 316, 505 ; 1895, pp. 39, 205, 323, 407 ; 1896, pp. 91, 276, 395, 521 ; 1897, pp. 106, 241, 395, 497 ; 1898, pp. 194, 521 ; 1899, pp. 107, 241, 373, 515 ; 1900, p. 81, 183, 351.

» (Les vieux émaux de) à l'Exposition de 1900 (grav). par Louis Guibert. — 1900, p. 387 ; 1901, p. 5.

V. Bibliographie.

Limousin (Proverbes recueillis en Bas), par Clément-Simon. — 1880, pp. 276, 462.

» (Les juridictions royales en Bas), par C. Decoux-Lagoutte. — 1882, p. 390 ; 1883, pp. 12, 295.

» (L'ordre de Malte en) au xviie siècle, par Vayssière. — 1882, p. 491 ; 1884, p. 21.

» (Deux monnaies antiques. l'une celtibérienne, l'autre néopunique trouvées en Bas), par M. Deloche. — 1884, p. 13.

» (Arrêt du Parlement au sujet du paiement des rentes du) et du Périgord, en 1770 : 1885, p. 680.

» (Livre-journal de M. de Pestels, sur la Révolution dans le Bas), par l'abbé Poulbrière. — 1885, p. 693.

» (Tombes en métal du), par J.-B. Poulbrière. — 1886, p. 154.

» (Formules de date et de l'époque du commencement de l'année en), par L. Guibert. — 1886, p. 157.

» (Sur une monnaie mérovingienne attribuée au), par René Fage. — 1886, p. 249.

» (Les officiers des Elections du) et de la Marche, par A. Vernière. — 1886, p. 305.

» (Le Bas-) à l'Exposition de Limoges, par P. Ducourtieux. - 1886, p. 393.

» (Les médailles des Papes limousins), par Mgr Barbier de Montault. — 1887, p. 554.

» (Cahiers de doléances des paroisses du), 1789, par A. Hugues. — 1888, p. 115, 363, 532, 675.

» (Voir 1897, p. 528 : 2 cahiers inédits des paroisses de St-Pardoux-la-Croisille et de St-Paul, par Louis Miginiac. — v. 1925, p. 91.

» (Un coin du) en 1888, par Decoux-Lagoutte : 1888, pp. 255, 482, 525 ; 1889, p. 103.

» (Les Evêques auxiliaires du), par J.-B. Poulbrière : 1890, p. 281.

» (La Réforme judiciaire en 1789, d'après les Cahiers du Bas-), par A. Sansas : 1892, pp. 73, 185.

» (Inventaires Bas-), XVIIIe siècle, par Barbier de Montault : 1892, p. 521.

» (Deux logements de troupes en Bas-), XVIIe siècle, par J.-B. Poulbrière : 1893, p. 166.

» (Origine des monastères de la Marche et du), par le Frère Clément Chalemet, communiqué par Alf. Leroux : 1893, p. 291.

» (Reliquaires), par L. Guibert : 1894, p. 471.

» (Dictionnaire des Médecins de), par René Fage: 1891, pp. 330. 485 ; 1892, pp. 94, 482, 628 ; 1893, pp. 134, 298, 441, 615 ; 1894, pp. 229, 347 ; 1895, pp. 79, 226. 299.

Limousins à Vierzon aux XVIe et XVIIe siècles (Les), par E. Tausserat : 1897, p. 485.

» (Emigrants) en France, par Johannès Plantadis : 1898, p. 250.

» (Note historique relative aux événements de l'année 1651 en), par Louis Guibert. — 1900, p. 167.

» (Chartes du), antérieures au XIIIe siècle (titres et documents), par Alf. Leroux. — 1900, p. 203 ; 1902, p. 322.

» (Une seigneurie du Bas), av. grav., par V. Forot. — 1904, pp. 123, 2 3 ; 1905, pp. 69, 375.

» (L'instruction primaire dans une commune du Bas), 1789-1815, par Johannès Tramond. — 1905, p. 217 (Il s'agit de Corrèze).

» (Les croquants du) : Une insurrection paysanne en 1594, par J. Nouaillac. — 1906, pp. 41, 219.

» (Exactions des gens de guerre dans le Bas), au XVIIe siècle, par René Fage. — 1907, pp. 59, 113.

» (La botanique du patois Bas), par O. Lacombe. — 1908, p. 429.

» (L'agitation autonomiste de Guienne et le mouvement fédéraliste des Girondins en), 1787-1793, par Johannès Plantadis. — 1908, p. 5 ; 1909, pp. 103, 467 ; 1910, pp. 177, 349, 543.

» (Le Protestantisme en Bas), en 1713, par A. Faugère. — 1910, p. 525.

» (Bas) : V. Bibliographie.

» (En), par le Dr P. Morély. — 1911, p. 89.

(Les traditions musicales du), des origines à la fin du 18e s. par J. Plantadis, 1911, p. 133.

» (Le Conseil d'Etat et le) sous Henri IV, par J. Nouaillac. — 1912, p. 65.

» Biographie générale du , par J. Noailhac. — 1913, p. 289 ; 1914-1919, p. 497.

» (Biographie générale du), par J. Plantadis 1914-1919, pp. 477, 502.

» (Dévotions populaires en). Fontaines à chiffons et saints à rubans par René Fage. — 1920, p. 79.

» La plantation du clou en), par le même. — 1921, p. 210.

» (Maréchaussée du Bas) et gendarmerie de la Corrèze, par le capitaine Breillout. — 1923, pp. 35, 161, 193, 281.

» (La lèpre en Bas), par le docteur J. Mazeyrie, 1925, p. 33.

» (Cahiers de doléances de quatre paroisses du Bas), par René Fage. — 1925, p, 91.

» (L'édit de 1666 sur les familles nombreuses. Son application en), par René Fage. — 1926. p. 105.

» (Passages et vie des gens de guerre en Bas) au XVIIIe siècle, par le capitaine Breillout. — 1926, p. 141.

» (Note sur le fief de la Cour en), par Matherat. — 1926, p. 170.

» (Les amortissements d'Alphonse de Poitiers en), par Régis Rohmer. — 1926, p. 258. V. Bibliographie.

» (Consultation d'un avocat) au XVe siècle, par Paul Huot. — 1880, p. 167.

» (Isidore de Séville et le patois), par O. Lacombe. — 1880, p. 259.

» (Aventure d'un émigré) à Pont-Ste-Maxence, en Picardie, 1791, par Amédée Muzac. — 1911, p. 249.

novembre 1881 : 1881, p. 621 ; du 7 décembre 1881 : 1881, p. 624 ; du 1er février 1882 : 1882, p. 108 ; du 1er mars 1882 : 1882, p. 111 ; du 5 avril 1882 : 1882, p. 265 ; du 3 mai 1882 : 1882, p. 269 ; du 7 juin 1882 : 1882, p. 272 ; du 5 juillet 1882 : 1882, p. 423 ; du 2 août 1882 : 1882, p. 425 ; du 6 décembre 1882 : 1882, p. 556 ; du 3 janvier 1883 : 1883 : 1883, p. 196 ; du 7 février 1883 : 1883, p. 198 ; du 7 mars 1883 : 1883, p. 202 ; du 4 avril 1883 : 1883, p. 432 ; du 2 mai 1883 : 1883, p. 435 ; du 6 juin 1883 : 1883, p. 438 ; du 4 juillet 1883 : 1883, p. 598 ; du 1er août 1883 : 1883, p. 609 ; du 5 décembre 1883 : 1883, p. 653 ; du 2 janvier 1884 : 1884, p. 277 ; du 6 février 1884 : 1884, p. 280 ; du 5 mars 1884 : 1884, p. 283 ; du 2 avril 1884 : 1884, p. 285 ; du 7 mai 1884 : 1884, p. 375 ; du 4 juin 1884 : 1884, p. 377 ; du 6 août 1884 : 1884, p. 541 ; du 3 décembre 1884 : 1884, p. 707 ; du 4 mars 1885 : 1885, p. 114 ; du 3 juin 1885 : 1885, p. 280 ; du 19 août 1885 : 1885, p. 484 ; du 9 décembre 1885 : 1885, p. 712 ; du 10 mars 1886 : 1886, p. 117 ; du 3 juin 1886 : 1886, p. 249 ; du 8 septembre 1886 : 1886, p. 373 ; du 1er décembre 1886 : 1886, p. 509 ; du 2 mars 1887 : 1887, p. 154 ; du 25 juin 1887 : 1887, p. 350 ; du 26 août 1887 : 1887, p. 486 ; du 21 décembre 1887 : 1887, p. 614 ; du 28 mars 1888 : 1888, p. 201 ; du 1er juin 1888 : 1888, p. 449 ; du 20 août 1888 : 1888, p. 575 ; du 29 décembre 1888 : 1888, p. 703 ; du 15 avril 1889 : 1889, p. 146 ; du 11 mai 1889 : 1889, p. 261 ; du 29 juillet 1889 : 1889, p. 430 ; du 23 décembre 1889 : 1889, p. 578 ; du 29 mars 1890 : 1890, p. 133 ; du 30 juin 1890 : 1890, p. 276 ; du 30 septembre 1890 : 1890, p. 410 ; du 29 novembre 1890 : 1890, p. 545 ; du 28 février 1891 : 1891, p. 142 ; du 13 juin 1891 : 1891, p. 268 ; du 28 septembre 1891 : 1891, p. 429 ; du 30 décembre 1891 : 1891, p. 547 ; du 29 février 1892 : 1892, p. 182 ; du 29 juin 1892 : 1892, p. 381 ; du 27 octobre 1892 : 1892, p. 662 ; du 25 décembre 1892 : 1892, p. 665 ; du 29 janvier 1893 : 1893, p. 169 ; du 31 décembre 1893 : 1894, p. 145 ; du 23 décembre 1894 : 1894, p. 538 ; du 22 décembre 1895 : 1895, p. 488 ; du 17 janvier 1897 : 1897, p. 151 ; du 26 décembre 1897 : 1897, p. 541 ;

» (Deux pièces pour l'histoire de la Manufacture d'armes de), par Jean Rondeau et Ch. Melon de Pradou. — 1884, p. 662

» (La Contre-Réformation dans les diocèses de Limoges et de), par A. Leroux. — 1885, p. 210.

» (Armoiries de), par L. Guibert. — 1885, p. 236.

» (Tombe en cuivre émaillé du cardinal de), par Ch. de Linas. — 1886, p. 150.

» (Feuille de souscription pour l'établissement d'un Collège de Jésuites à) 1620, par J.-Poulbrière. — 1886, p. 244.

» (Une nomination de maire et de consuls à). 1720, par J.-B. Poulbrière. — 1886, p. 506.

» (Société populaire de). Rapport sur la conspiration qui a existé dans la commune de Tulle contre la liberté et ses amis, par V. de Seilhac. — 1887, p. 119.

» (La Société archéologique de Limoges à l'Exposition de), par L. Guibert. — 1897, p. 414.

» (Les émaux peints à l'Exposition rétrospective de), par L. Bourdery. — 1887, p. 438.

» (Les Manuscrits et Imprimés à l'Exposition rétrospective de), par P. Ducourtieux. — 1887, p. 445.

» (La Peinture et la Sculpture à l'Exposition de). — 1887, p. 451.

» (Le vieux), Les Origines, par René Fage : 1885, p. 168 ; Les Fortifications : 1885, p. 489 ; Le Château du Fort Saint-Pierre : 1886, p. 90 ; La Tour Prisonnière, dite Tour de Maysse : 1886, p, 212 ; La Tour de la Motte : 1886, p. 253 ; La Porte-Chanac, la Place publique : 1886, p. 407 ; Le Collège : 1887, p. 5 ; La grande Maison de Loyac : 1887, p. 251 ; La Cathédrale et le Cloître : 1887, p. 491 ; Les Couvents d'hommes : 1888, p. 59 ; Les Couvents de femmes : 1888, p. 207 ; Bibliographie, par Mgr

Barbier de Montault : 1888, p. 665.

» (Etat du diocèse de) en 1755, par J.-B. Poulbrière. — 1887, p. 415.

» (Arrêt unissant à la messe capitulaire l'ancienne aumônerie de), par J.-B. Poulbrière. — 1887, p. 571.

» (La Manufacture d'armes de), par Languepin. — 1887, p. 579 ; 1888. pp. 5, 295.

» (Les fresques de la Maison de Loyac à), par Mgr Barbier de Montault. — 1888, p. 288.

» (Lettre touchant la grande peste de), par J.-B. Poulbrière. — 1888, p. 360.

» (Etat de l'Eglise et du Diocèse de) en 1671, par J.-B Poulbrière. — 1888, p. 668.

» Ecclésiastique et religieux, d'après le Pouillé manuscrit de Nadaud, par J.-B. Poulbrière. — 1889, p. 139.

» (Pénitents blancs de). Requête du curé de St-Pierre pour leur suppression, par J.-B. Poulbrière — 1889. p. 142.

» (Histoire du Collège de), par G. Clément-Simon. — 1889, pp. 193, 460 ; 1890, pp. 186, 432 ; 1891, pp. 173, 297, 507 ; 1892, pp. 118, 303.

» Ordonnances des Maires et Consuls de), par l'abbé Talin. -- 1889, pp. 427, 573 ; 1890, pp. 148, 271.

» (Conflit de préséance du sénéchal de), 1610, par Reyneau. — 1890, p. 138.

» (Note sur les Exilés à), par J.-B. Poulbrière — 1890, p. 175.

(La prise de), 1585, par René Fage. — 1890, pp. 5, 311, 477 ; 1891, p. 60.

» Assemblée des habitants de la ville de) pour l'installation des maires et consuls, 2 janvier 1672. — 1890, p. 268.

» (Le Diocèse de), 1671, par Mgr Barbier de Montault. 1890, p. 297.

» et sa banlieue autrefois au point de vue défensif, par J.-B. Champeval. – 1890. pp 346, 509.

» (Pénitents bleus de). Leur défense en 1731, par J.-B. Poulbriére. – 1891, p. 133.

» (Encore les Exilés à). par J.-B. Champeval. – 1891, p. 149.

» (La Confrérie de St-Jacques et la Procession de la Lunade à), par M. Deloche. — 1892, p. 387.

» (*La Moulinado*, poème héroï-comique contre le moulin des chanoines de), par le P. Lacombe ; publiée par J.-B. Leymarie : 1892, pp. 467, 617 : 1893, p. 141.

» (Les Bras-Reliquaires exposés à) en 1887, par Mgr Barbier de Montault. – 1893, p. 607.

» (Origines de la Manufacture d'armes de), par G. Clément-Simon. — 1894, p. 35.

» (Les pyxides émaillées de l'Exposition rétrospective de) en 1887, par le même. — 1894, p. 55.

» (Le Trésor de la Cathédrale de), par Mgr Barbier de Montault. --- 1894, p. 237.

» (Les vases eucharistiques exposés à), par Mgr Barbier de Montault. — 1895, p. 32.

» (La prise de), 1426, par G. Clément-Simon. — 1895, p. 155.

» (Les Imprimeurs de) à l'Exposition du Livre Limousin, par Paul Ducourtieux. — 1895, p. 396.

» (La Châsse émaillée de l'église St-Pierre à) par Mgr Barbier de Montault. — 1896, p. 77.

» (Un chapitre inédit de l'histoire du collège de), 1790. 1792, par René Fage. — 1896, pp. 174, 350.

» (Règlement de la Manufacture d'armes de), 1778. par Alf Leroux. --- 1897, p. 203.

» (Les premières Franchises de la ville de), par G. Clément-Simon. — 1896, pp. 5, 212 ; 1897, p. 289 ; 1899, p. 259.

» (Les Rues de) : 1898, p. 253.

» (La Vie à) aux XVIIe et XVIIIe siècles, par René Fage : 1898, pp. 347, 485 ; 1899, pp. 81, 185, 321, 395 ; 1900, pp. 5, 131, 403 ; 1901, pp. 41, 165, 309.

» (Les premières franchises de la ville de), recherches de l'histoire civile et municipale de la ville de Tulle avant l'érection du consulat (documents inédits, pièces justificatives avec notes et commentaires). — 1896, pp. 5, 212 ; 1897, p 289 ; 1899, p. 359 ; 1900 p. 247 ; 1901, p. 465 ; 1902, p. 207 ; 1903, p. 41 ; 1904, p. 375 ; 1906, pp. 167, 323 ; 1907, p. 477 ; 1908, p. 107 ; 1909, p. 497.

» (Le régiment de), offert par la ville au roi Louis XIV en 1689, par G. Clément-Simon. — 1901, p. 207,

» (Note sur les sculptures anciennes de l'église Saint-Pierre de), par Antoine Reyneau. — 1901, p. 581.

» (Etude historique sur les voies d'accès de), par M. Deloche. — 1902, p 141.

» (Notes et documents sur la confrérie des pénitents bleus de), par René Fage. — 1902, p. 325 ; 1903, pp. 133, 217, 335 ; 1904, pp. 5, 141, 217. (Les articles de 1904 concernent les pénitents blancs).

» Le pont Milet-Mireau à), par Louis de Nussac. — 1903, p. 237.

» (L'exercice de la médecine à), à la fin du XVIIe siècle, par le Dr Paul Morély. — 1904, p. 167.

» (Les fêtes, cérémonies et manifestations publiques à), pendant la période révolutionnaire, par René Fage. — 1904, p. 415 ; 1905, pp. 5, 175, 343, 449 ; 1906, pp. 5, 143, 383.

» (Les origines du collège de), XVe et XVIe siècles, par A. Petit. — 1905, p. 113.

» (La juridiction consulaire de la ville de), 1710-1789, par le Dr Paul Morély. — 1905, pp. 233, 417.

» (Fragment de l'histoire municipale de), 1794-1800, par V. Forot. — 1906, pp. 65, 469 ; 1907, pp. 149, 383.

» (Henri Baude à), les commencements de l'élection du Bas-Limousin, par G. Clément Simon. — 1907, p. 327.

» et ses intérêts municipaux au XVIIe siècle, par J.-B. Champeval. — 1908, p. 397 ; 1909, pp. 85, 193, 351 ; 1910, pp. 299, 327 ; 1911, pp. 109, 319.

» (Le club des jacobins de), par V. Forot. — 1909, p. 371 ; 1910, pp. 51, 205, 375 ; 1911, pp. 5, 271, 433.

» (Note sur l'hôpital général de), sous l'ancien régime, par Georges Mathieu. — 1910, p. 5.

» (Louis XI et les fortifications de), par René Fage. — 1910, p. 495.

» *Tutela* et le clos des arènes, par J. Plantadis. — 1913, p. 155.

» Chronique tulloise de Pierre-Anne de Maruc (1639-1702), par René Fage. - 1914-1919, p. 121.

» (Promenade archéologique à travers les vieux quartiers de), par V. Forot. — 1914-1919, p. 425.

» Monographie tulloise. Le quartier de la Barussie, par V. Forot. — 1920, pp. 166, 251 ; 1921, pp. 92, 178, 225 ; 1922, pp. 125, 274 ; 1923, pp. 5, 107, 207 ; 1924, pp. 12, 71, 137, 235.

» Le Puy Saint-Clair, par le même. — 1925, p. 109.

» Gallo-romain, par B. Marque. - 1920, p. 271.

» (Monnaies anciennes recueillies à), par J.-B. Brunie. — 1921, p. 193.

» (Rapport sur la restauration du cloître de), par le Dr Mazeyrie. — 1921, p. 282 ; 1922, p. 199.

» (Le siège de) en 1585, par l'abbé Borie. — 1922, p. 249.

ÉPREUVES ET CORRECTIONS

Les auteurs des Mémoires insérés dans le Bulletin sont instamment priés de joindre le manuscrit, lors du retour des épreuves.

TARIF DES TIRAGES A PART

MM. les Auteurs des Mémoires imprimés dans le Bulletin pourront faire exécuter à leurs frais un tirage à part aux prix suivants, en prévenant l'imprimeur de leur intention au moment de la remise de leur manuscrit.

	50 exempl.	100 exempl.	200 exempl.
La feuille (16 pages)	24 »	42 »	75 »
La 1/2 feuille (8 pag.)	16 »	30 »	50 »
Couverture titre imp.	15 »	28 »	50 »
id. sans imp.	7 50	15 »	30 »

Les fractions de 1 à 8 pages comptent pour demi-feuille.

Les changements, corrections d'auteur, additions, suppressions, remaniements sont comptés au prix de revient

En raison des fluctuations des cours, ces prix ne sont donnés qu'à titre purement indicatif.

AVIS DU BUREAU

Cotisations. — Par décision de l'Assemblée la cotisation des membres est fixée à 20 francs. Afin d'éviter les frais de recouvrement très onéreux pour la Société, nos sociétaires sont instamment priés de vouloir bien faire parvenir leur cotisation à M. Chabanier, banquier à Tulle, rue de la Barrière, trésorier de la Société.

Les quittances présentées par la poste sont majorées d'un franc pour les frais.

Réunions. — Les réunions trimestrielles ont lieu le 1er Jeudi de chaque trimestre, à 14 h. 30, dans une salle de la Chambre de Commerce de Tulle. Les sociétaires sont invités à y assister.

La prochaine réunion est fixée au Jeudi 4 Octobre 1928.

TULLE IMP. JUGLARD Le Gérant, JUGLARD

www.ingramcontent.com/pod-product-compliance
Lightning Source LLC
LaVergne TN
LVHW082354160826
845678LV00008B/1840

* 9 7 8 2 3 2 9 7 6 2 9 9 9 *